BEI GRIN MACHT SICH IHR WISSEN BEZAHLT

- Wir veröffentlichen Ihre Hausarbeit, Bachelor- und Masterarbeit

- Ihr eigenes eBook und Buch - weltweit in allen wichtigen Shops

- Verdienen Sie an jedem Verkauf

Jetzt bei www.GRIN.com hochladen und kostenlos publizieren

GRIN ☺

Trainingsplanung zum Muskelaufbau für einen 25-Jährigen

Inklusive Kraftdiagnostik, Belastungsparameter und Literaturrecherche

Marcel Müllers

Bibliografische Information der Deutschen Nationalbibliothek:

Die Deutsche Nationalbibliothek verzeichnet diese Publikation in der Deutschen Nationalbibliografie; detaillierte bibliografische Daten sind im Internet über http://dnb.d-nb.de abrufbar.

ISBN: 9783346449948
Dieses Buch ist auch als E-Book erhältlich.

© GRIN Publishing GmbH
Nymphenburger Straße 86
80636 München

Druck und Bindung: Books on Demand GmbH, Norderstedt Germany
Gedruckt auf säurefreiem Papier aus verantwortungsvollen Quellen

Das vorliegende Werk wurde sorgfältig erarbeitet. Dennoch übernehmen Autoren und Verlag für die Richtigkeit von Angaben, Hinweisen, Links und Ratschlägen sowie eventuelle Druckfehler keine Haftung.

Das Buch bei GRIN: https://www.grin.com/document/1038282

Deutsche Hochschule für
Prävention und Gesundheitsmanagement
Hermann Neuberger Sportschule 3
66123 Saarbrücken

Einsendeaufgabe

Fachmodul: Trainingslehre I

Studiengang: BSÖ

Datum
Präsenzphase: 17.12.2019 – 20.12.2019

Name, Vorname: Müllers, Marcel

Studienort: **Düsseldorf**

Semester: **SS 2019**

1

Inhaltsverzeichnis

Diagnose

In der Diagnose bzw. im persönlichen Eingangsgespräch werden zunächst alle notwendigen und wichtigen Daten gesammelt, um einen ersten Überblick darüber zubekommen, in welchem Umfang, sei es der zeitliche Rahmen, die Ziele oder der aktuelle Gesundheitszustand der Person, die Ausarbeitung des Trainingsplans erfolgen kann. Mit der Diagnose ermitteln wir den IST-Zustand der Person, um im späteren Verlauf eine Kontrollinstanz zu haben.

1.1 Allgemeine und biometrische Daten

Tab. 1: Allgemeine, biometrische Daten und aktueller Gesundheitszustand (eigene Darstellung)

Daten zur Person	Datenwerte
Alter	25 Jahre
Geschlecht	Männlich
Körpergröße	183 cm
Körpergewicht	82 kg
Trainingsmotive	Muskelaufbau/Maximalkraft Steigerung Senkung Körperfettanteil Allgemeine Fitness
berufliche Tätigkeit	Dualer-Student Barkeeper
aktuelle sportliche Aktivität	Unregelmäßiges Krafttraining
frühere sportliche Aktivität	2-3x pro Woche Fußballtraining (mittel/hohe Intensität – Position: Torwart) 1-2x pro Woche Krafttraining (Ohne Periodisierung)
zeitlicher Verfügungsrahmen	2 Mal pro Woche
BMI	24,5 kg/cm²
SMM (Skelettmuskulatur)	42 kg

KfA (Körperfettanteil)	12% - 9.84 kg
Blutdruck	125/82 mmHg
Ruhepuls	62 /min
Orthopädische Einschränkungen	keine
Internistische Einschränkungen	keine
Medikamente	keine

Die aus dem Eingangsgespräch gesammelten allgemeinen und biometrischen Daten sind in Tab. 1 zusammengefasst. Mithilfe der bioelektrischen Impedanzanalyse (INBODY-Waage 770) wurde der BMI, der Skelettmuskelanteil und der Körperfettanteil ermittelt. Laut Testergebnis besitzt die Person somit einen Skelettmuskelanteil von 42 kg, einen Körperfettanteil von 9,84 kg / 12 % und einen BMI von 24,5 kg/cm2. Das Ergebnis der Blutdruckmessung (mithilfe eines elektronischen Messgerätes) ist mit 125 mmHg systolischer Druck und 82 mmHg diastolischer Druck im normalen Bereich einzusortieren. Nach der Blutdruckklassifikation der American Heart Association (Tab.2) ist ein Blutdruck normal, wenn dieser unter 130 mmHg systolischer Druck und unter 85 mmHg diastolischer Druck liegt. Nach der Blutdruckmessung der Person können anhand dieser Werte keine Einschränkungen für das Training festgestellt werden. Auch der Ruhepuls von 62 Schlägen/min deutet darauf hin, dass die Person sich in einen guten Gesundheitszustand befindet. Die Person hat keine Orthopädischen oder Internistischen Einschränkung und muss keine Medikamente zu sich nehmen, die die Trainierbarkeit in irgendeiner Art und Weise beeinflussen. Auch die früheren sportlichen Aktivitäten und der aktuellen Nebentätigkeit als Barkeeper (stehender, bzw. gehender Beruf) deuten darauf hin, dass die Person in der Freizeit und auch im Arbeitsalltag viel in Bewegung war/ist.

Tab. 2: Blutdruckklassifikation der American Heart Association (eigene Darstellung modifiziert nach Mancia et al., 2013, S. 1286)

Bewertungsstufen	Systolisch (mmHg)	Diastolisch (mmHg)
Normblutdruck (Normotonie)		
Optimal	< 120	< 80
Normal	< 130	< 85
Hochnormal	130-139	85-89
Bluthochdruck (arterielle Hypertonie)		

Hypertonie Grad 1	140-159	90-99
Hypertonie Grad 2	160-179	100-109
Hypertonie Grad 3	> 180	> 110

1.2 Kraftdiagnostik

Die Kraftdiagnostik hilft uns dabei, für die Person das optimale Trainingsgewicht zu ermitteln, damit diese weder über- noch unterbelastet wird. Nach dem Prinzip des notwendigen trainingswirksamen Reizes kann eine Belastung unterschwellig, schwach, optimal und zu stark überschwellig sein. Um die Person an das gewünschte Ziel zu bringen, haben wir die Möglichkeit mit den verschiedenen Test-Verfahren, dass optimal Trainingsgewicht zu bestimmen. Dabei stehen uns drei verschiedene Test-Möglichkeiten zur Verfügung: 1-RM-Test, X-RM-Test und das subjektive Belastungsempfinden.

Für die Person habe ich mich für eine X-RM-Kraftmessung (Marshall & Fröhlich, 1999, S.124) mit 15 Wiederholungen entschieden. Aus Tab. 1 ist zu entnehmen, dass die Biometrischen Daten (Skelettmuskelanteil, Körperfettanteil und Blutdruckwerte) dafürsprechen, dass die Person seit vielen Jahren sportlich aktiv ist. Aufgrund des unregelmäßigen Trainings (seit ca. 1 Jahr) möchte ich im ersten Mesozyklus alte Strukturen aufbrechen und mit einer Kombination aus Kraftausdauer-, Hypertrophie- und Maximalkrafttraining beginnen. Der Vorteil hier bei der X-RM-Messung gegenüber der 1-RM ist, dass wir ein genaueres Ergebnis erhalten im Hinblick auf den gewählten Wiederholungsbereich für das Kraftausdauertraining.

Tab. 3 Testergebnisse Kraftdiagnostik (eigene Darstellung)

Testübung	Wdh.	1. Testsatz	2. Testsatz	3. Testsatz	Ergebnis
Beinpresse liegend	15 Wdh.	170 kg	180 kg	190 kg	190 kg
Latzug	15 Wdh.	130 kg	110 kg	-	110 kg
Brustpresse	15 Wdh.	100 kg	90 kg	85 kg	85 kg
Rückenstrecker	15 Wdh.	75 kg	-	-	75 kg
Rudern am Kabelzug	15 Wdh.	120 kg	110 kg	100 kg	100 kg

5

Butterfly (Maschine)	15 Wdh.	50 kg	60 kg	55 kg	55 kg

1.2.1 Testablauf

Vor Beginn des Krafttestung, wärmt sich die Person auf, um das Verletzungsrisiko zu senken. Bei der Testung soll das vorgegebene Gewicht, welches zu Beginn jeder Übung von mir geschätzt wird, genau 15 Mal bewegt werden. Die Pausenzeit zwischen den einzelnen Testsätzen ist auf drei Minuten festgelegt (vgl. Zimmer, 1999, S.45-46). Nach jedem Testsatz läuft eine Timer-Uhr von drei Minuten runter, sodass auch immer die gleiche Zeit an Pause gegeben ist. Es werden maximal drei Testungen pro Übungen gemacht. Schafft die Person nach einem Satz mehr Wiederholungen als vorgegeben, so wird das Gewicht von mir gesteigert (Je nach subjektiven Belastungsempfinden). Gleiches gilt, wenn die Person die vorgegebene Widerholungsanzahl nicht schafft, so wird das Gewicht gesenkt. Wird das maximale Gewicht im ersten oder zweiten Satz ermittelt, so entfallen die nachfolgenden. Die Ergebnisse der Kraftmessung und auch die Reihenfolge der Übungen werden in Tab.3 aufgeführt.

Die Kraftdiagnostik beginnt an der liegenden Beinpresse. Gestartet wird im ersten Satz mit einem Gewicht von 170 kg. Erhöht wurde das Gewicht im zweiten Satz auf 180 kg, bis die Person im dritten Satz der Kraftmessung für die liegende Beinpresse ein optimales Ergebnis mit 190 kg erreichte. Die zweite Testübung ist der Latzug. Hier beginnen wir mit einem Gewicht von 130 kg, welches für die Person und die vorgegebene Anzahl an Wiederholungen nicht optimal war. Aufgrund dessen wird der zweite Testsatz mit 110 kg absolviert. Ein dritter Versuch entfällt, denn im zweiten Versuch wurde bereits die Maximalkraft ermittelt. Weiter wurde mit der Übung an der Brustpresse gemacht. Wir brauchten wieder volle drei Versuche, um das Maximum herauszufinden. Der erste Versuch schlug mit 100 kg fehl. Im zweiten Anlauf wurde das Gewicht auf 90 kg gesenkt. Nach der 13. Wdh. konnte die Person das Gewicht nicht noch zwei Mal bewegen, weshalb wir dann im dritten Versuch nochmals 5 kg mit dem Gewicht runter gingen. Im dritten Versuch erreichten wir dann auch ein Ergebnis von 85 kg. Nun wechselt wir wieder zu einer Übung für den Rücken, genauer gesagt der Rückenstrecker war an der Reihe. Dort brauchten wir lediglich einen Testversuch, um die Maximalkraft der Person zu ermitteln. Im ersten Versuch wurde ein Gewicht von 75 kg ausgewählt. Die fünfte Übung der Kraftdiagnostik war das Rudern am Kabelzug. Im ersten Versuch wurden 120 kg 15 Mal nicht geschafft und somit senkten wir das Gewicht von 120 kg auf 110 kg für den zweiten Versuch. Auch bei diesem konnte wir das optimale Ergebnis leider noch nicht ermitteln und mussten somit dann in den dritten Versuch gehen. Mit den vorgegebenen 100 kg schaffte die Person dann 15 Wiederholungen und hatten gleichzeitig dann auch das Ergebnis für das Rudern am Kabelzug. Der Butterfly an der Maschine ist die letzte Übung aus der Kraftdiagnostik. Auch hier waren drei Messungen nötig, um das Ergebnis zu bestimmen. Im ersten Satz hatte die Person die Möglichkeit, noch weitere Wiederholungen zu machen. Das Gewicht in diesem Durchgang war 50 kg. Im zweiten Testversuch, mit 60 kg, hat die Person die 15 Wdh. knapp nicht geschafft, deshalb wurde für den dritten Versuch, das Gewicht um 5 kg gesenkt. Somit war das Ergebnis der Maximalkraftmessung für den Butterfly an der Maschine bei 55 kg.

1.2.2 Schlussfolgerung

Eine Regelmäßige Kraftdiagnostik hat viele und wichtige Vorteile und Nutzen. Nicht nur für die Person selbst, auch für den Trainer sind es Anhaltspunkte dafür, ob der Trainingsplan, welcher für die Person individuell erstellt wird, die gewünschten Anpassungen mit sich bringt. Ein weiterer Vorteil ist der Motivationsaspekt für die Person. Durch die Wiederholung der Kraftmessungen nach jedem Mesozyklus, kann der Kunde sehen, welche Erfolge das Training mit sich bringt und wird so weiter an seinen Zielen arbeiten. Weitere Kraftmessungen nach jedem Mesozyklus hat außerdem den Vorteil, dass sich die Gewichte immer dem aktuellen Leistungsniveau der Person anpassen, sodass sich eine Monotonie, aufgrund von gleichbleiben Gewichten, erst gar nicht bilden kann.

2 Zielsetzung / Prognose

Tab. 4 Zielsetzung der Person (eigene Darstellung)

Ziel	Ausmaß	Zeit
Reduzierung der Rücken-probleme Im LWS	Schmerzfrei im Alltag und im Beruf	8 Wochen
Maximalkraftsteigerung	Kraftsteigerung 20%	24 Wochen
Körperfettanteil reduzieren	Von 12 % auf 10%	20 Wochen

2.1 Begründung

Das erste Ziel bezieht auf die wiederkehrenden Rückenschmerzen im LWS-Bereich. In der Diagnose erzählte die Person, dass sie nebenberuflich als Barkeeper arbeitet. Durch das sehr lange stehen und dem ständigen Bücken (Gläsern und Getränkeflaschen) treten die Rückenschmerzen meistens zeitversetzt am nächsten Tag ein. Deshalb war eine Einordung auf einer Schmerzskala nicht möglich. Aus diesem Grund soll die Person innerhalb von 8 Wochen auch nach den Tagen im Nebenjob, schmerzfrei sein.

Aus dem Eingangsgespräch ging hervor, dass die Person aufgrund von Übergewicht mit dem Kraftsport angefangen hat. Es war der Person sehr wichtig, weiter an der Ästhetik zu arbeiten. Deshalb ist das zweite Ziel, den Körperfettanteil 2% zu senken. Laut der bioelektrischen Impendanzanalyse ist ein Körperfettanteil von 10-20% bei Männern im Normalbereich. Das dritte Ziel, welches am Ende des Makrozyklus nach 24 Wochen erreicht werden soll, ist eine Kraftsteigerung von 20%. Dazu ist im vierten Mesozyklus ein intensives Maximalkrafttraining geplant. Nach diesem Mesozyklus soll eine weitere Kraftmessung erfolgen, um den Erfolg zu messen.

3 Trainingsplanung Makrozyklus

Tab. 5 Makrozyklus (eigene Darstellung)

	Mesozyklus 1	Mesozyklus 2	Mesozyklus 3	Mesozyklus 4
Dauer	6 Wochen	6 Wochen	8 Wochen	4 Wochen
Trainingsziel	2 Wochen KA 2 Wochen HYP 2 Wochen Max	HYP / extensiv	Hyp / intensiv	Max / intensiv
Organisations-form	GK / Stationen	GK / Zirkel	GK / Station	GK / Station
Häufig-keit/Woche	2	2	2	2
Übungen/Mus-kel	1-2	1-2	1-2	1-2
Sätze/Übung	3	2	3	2

Satzpause	60 Sekunden	-	90 Sekunden	120 Sekunden
Intensität	60-80%	65-75%	75-85%	85-90%
Wiederholun-gen	KA 15 Wdh. Hyp 10 Wdh. Max 6 Wdh.	8 Wdh.	6 Wdh.	3 Wdh.
Bewegungs-tempo	2-0-2	2-0-2	2-0-2	2-0-2

3.1 Begründung der Trainingsmethode

Um alte Strukturen aufzubrechen, ist für den ersten Mesozyklus eine Kombination aus Kraftausdauer-, Hypertrophie- und Maximalkrafttraining vorgesehen. Die Person ist mit dem Krafttraining bereits vertraut, jedoch wurde in der Vergangenheit lediglich im Hypertrophie-Bereich trainiert. Auch seine früher sportliche Aktivität (22 Jahre regelmäßiges Fußballtraining) deuten darauf hin, dass viele morphologische Anpassungen bereits stattgefunden haben. Das Ziel der Person bleibt jedoch der Muskelaufbau und die Maximalkraftsteigerung und wird deshalb auch im Mesozyklus zwei bis vier als Trainingsziel gewählt. Es erfolgt also ab der siebten Woche eine progressive Belastungssteigerung, sodass dritten ein intensives Hypertrophietraining und im vierten Mesozyklus ein intensives Maximalkrafttraining geplant ist.

3.2 Begründung der Belastungsparameter

Die Häufigkeit der Trainingseinheiten bleibt im gesamten Makrozyklus bei zwei Trainingseinheiten pro Woche, da der zeitliche Rahmen der Person keine weitere Trainingseinheit hergibt, um die Belastungshäufigkeit zu variieren. Dafür hat der Körper genügend Zeit sich zu regenerien. Es ist in alle Mesozyklen ein Ganzkörpertraining vorgesehen, wodurch auch in der Übungsauswahl darauf geachtet wurde, dass die Übungen alle Muskelbereiche des Körpers abdecken. Dadurch, dass bei mehrgelenkigen Übungen mehrere Muskulaturen gleichzeitig beansprucht werden, ist die Häufigkeit pro Muskelgruppe auf ein bis zwei Mal festgelegt. Im dritten Mesozyklus wird von zwei auf drei Sätzen pro Übung gesteigert, um so die Trainingsbelastung zu erhöhen, wobei im vierten Mesozyklus beim Maximalkrafttraining wieder auf zwei Sätze pro Übung gesenkt wird. Die Trainingsintensität in diesem Zyklus liegt bei 85-90%, sodass ab der dritten Woche im vierten

Mesozyklus die Intensität nochmal um 5% gesteigert werden kann. Auch in den anderen Mesozyklen ist eine Erhöhung der Intensität vorgesehen, sodass mit steigender Belastung, die Anzahl der Wiederholungen verringert wird. Im ersten Mesozyklus ist eine Satzpause von 60 Sekunden festgelegt, diese entfällt jedoch im zweiten Mesozyklus, weil die Person an Ganzkörper Zirkeltraining absolvieren soll. Danach im dritten und vierten Mesozyklus ist eine längere Satzpause geplant, da die Person ein intensiven Hypertrophie- bzw. ein intensives Maximalkrafttraining zu absolvieren hat (90 Sekunden beim intensiven Hypertrophie Training und 120 Sekunden beim Maximalkrafttraining). Im ersten Mesozyklus wird mit einer geringeren Intensität trainiert, sodass auch die Wiederholungsanzahlen für das jeweiligen Trainingsziel eher im höheren Bereich anzusiedeln sind. Danach nimmt ab dem zweiten Mesozyklus die Wiederholungsanzahl ab, wobei die Intensität höher wird.

3.3 Begründung der Organisationsform

Aufgrund der Häufigkeit der Trainingseinheiten pro Woche, die für die Person möglich sind, ist in allen vier Mesozyklen ein Ganzkörpertraining vorgesehen. Es ist wichtig das die Muskulaturen mindestens zwei Mal pro Woche trainiert werden, was mit einem Splitt-Training nicht möglich wäre. Ein weiterer Vorteil für das Ganzkörpertraining ist die enorme Zeitersparnis. Für eine Kombination aus Ganzkörpertraining und Splitt-Training wären mindestens drei Trainingstage erforderlich, was die Person jedoch nicht gewährleisten kann. Im vierten Mesozyklus, in der die Person ein Maximalkrafttraining absolvieren soll, wurde bewusst auf die Änderung auf ein Zirkeltraining verzichtet, da das Maximalkrafttraining eine enorme Beanspruchung für den Körper darstellt. Die Person hätte somit nicht genügend Zeit sich zwischen den Sätzen bei diesem intensiven Training zu erholen.

3.4 Begründung der Periodisierung

Der in vier Mesozyklen unterteilte Makrozyklus umfasst 24 Wochen.
Es ist vorgesehen, dass ab dem zweiten Mesozyklus eine progressive Steigerung von Woche zu Woche stattfindet, wobei die Wiederholungsanzahl gleichzeitig abnimmt. Es werden also alle Intensitätsbereiche im Makrozyklus berücksichtig, damit kein Gewöhnungseffekt entstehen kann. Im ersten Mesozyklus ist eine Kombination aus Kraftausdauer-,

Hypertrophie- und Maximalkrafttraining vorgesehen, um die alten Strukturen aufzufrischen. Der zweite Mesozyklus beinhaltet ein extensiven Hypertrophie Training als Zirkeltraining. Im dritten Mesozyklus ist ein intensives Hypertrophietraining geplant und im letzten Zyklus ein intensives Maximalkrafttraining.

Es ändern sich also zwischen den Mesozyklen das Trainingsziel, zeitweise sogar die Organisationsform von Stationstraining und Zirkeltraining. Auch die Satzpausen variieren. Gerade im dritten und im vierten Mesozyklus ist eine längere Satzpause vorgesehen, um der Person zwischen den einzelnen Sätzen eine längere Erholungszeit zu geben.

4 Trainingsplanung Mesozyklus

Tab. 6 Mesozyklusplanung (eigene Darstellung)

Leistungsstufe: Geübter	Trainingseinheiten: 2 Mal pro Woche	
Organisationsform: Ganzkörper / Stationen	Trainingsziel: Kraftausdauer Hypertrophie Maximalkraft	
Dauer: 6 Wochen 2 Wochen Kraftausdauer 2 Wochen Hypertrophie 2 Wochen Maximalkraft	Sätze: 3 pro Übung	
Übungen/Muskel: 1-2	Satzpause: 60 Sekunden	
Wiederholungen: Kraftausdauer: 15 Wiederholungen Hypertrophie: 10 Wiederholungen Maximalkraft: 6 Wiederholungen	Intensität: 60-80%	Bewegungstempo: 2-0-2

Der erste Mesozyklus beinhaltet eine Dauer von 6 Wochen, wobei nach jeder zweiten Woche das Trainingsziel geändert wird, sodass sowohl Kraftausdauer, Hypertrophie und Maximalkraft trainiert wird. In dieser Trainingsphase wird zwei Mal pro Woche trainiert, wobei pro Muskelgruppe ein bis zwei Übungen gemacht werden. Durch die zeitliche Einschränkung wird ein Ganzkörpertraining an Stationen absolviert. Die Wiederholungsanzahlen unterscheiden sich je nach Trainingsziel, wobei die Intensität nach Wechsel der Trainingsmethode ein wenig steigt. Die Intensitäten im ersten Mesozyklus sind in Abhängigkeit von dem jeweiligen Trainingsziel gewählt, sodass beim Kraftausdauertraining mit einer Intensität von 60%, beim Hypertophietraining mit 70% und bei dem Maximalkrafttraining eine Intensität von 80% trainiert wird. Die Wahl der Intensität ist in Anlehnung der ILB-Methode gewählt. Ausgangspunkt für die Bestimmung der Trainingsgewichte ist die X-RM-Messung. Die X-RM Messung wurde mit 15 Wiederholung gemacht. Im Regelfall sollte bei der ILB-Methode die Kraftmessung mit der jeweiligen Wiederholungszahl des Trainingsziel erfolgen, allerdings geht es sich im ersten Mesozyklus darum, die Person an ein regelmäßigen Krafttraining zu gewöhnen und nicht gleich zu überlasten. Die Intensitäten nehmen alle zwei Wochen um 10% zu, wobei die Wiederholungsanzahl gesenkt wird. Das Bewegungstempo ist auf 2-0-2 festgelegt, was bedeutet, dass die exzentrische Phase zwei Sekunden dauert, null Sekunden Haltezeit vorgesehen ist und die konzentrische Arbeitsphase ebenfalls bei zwei Sekunden liegt. Zwischen den einzelnen Arbeitsätzen ist eine Satzpause von 60 Sekunden festgelegt.

Tab. 7 Übungsdarstellung des Mesozyklus I (eigene Darstellung)

		Kraftausdauer		Hypertrophie		Maximalkraft	
		Woche 1 60%	Woche 2 60%	Woche 3 70%	Woche 4 70%	Woche 5 80%	Woche 6 80%
Übung	Test	Wdh.: 15		Wdh.: 10		Wdh.: 6	
Bein-presse	190 kg	114 kg	114 kg	133 kg	133 kg	152 kg	152 kg
Latzug	110 kg	66 kg	66 kg	77 kg	77 kg	88 kg	88 kg
Brust-presse	85 kg	51 kg	51 kg	59,5 kg	59,5 kg	68 kg	68 kg
Rücken-strecker	75 kg	45 kg	45 kg	52,5 kg	52,5 kg	60 kg	60 kg
Butterfly (Ma-schine)	55 kg	33 kg	33 kg	38 kg	38 kg	44 kg	44 kg

Rudern am Kabelzug	100 kg	60 kg	60 kg	70 kg	70 kg	80 kg	80 kg

4.1 Begründung der Übungswahl

Um den Zeitlichen Verfügungsrahmen, aber auch um die Person nicht zu überlasten, beinhaltet der Trainingsplan 6 Übungen. Auf Wunsch der Person, wurde der Fokus auf das Oberkörpertraining für den ersten Makrozyklus gelegt, da durch das jahrelange Fußballtraining bereits eine gute Ausprägung der Beinmuskulatur erarbeitet wurde. Um trotzdem ein Ganzkörpertraining zu gewährleisten, wurde für den Unterkörper die liegende Beinpresse mit in den Trainingsplan aufgenommen. Anhand der Kraftdiagnostik ist auch zu erkennen, dass besonders viel Kraft in den Beinen vorhanden ist. Trotz der bereits gesammelten Trainingserfahrung der Person, ist für den Mesozyklus I ein gerätegestütztes Trainings vorgesehen, was aber im Hinblick auf die Übungsvariation im weiteren Verlauf des Makrozyklus noch angepasst werden kann, sodass einige gerätegestützte Übungen, durch Freihantelübungen ersetzt werden können. Beispielsweise kann anstatt der Beinpresse im Liegen dann die Kniebeuge mit Gewichten gemacht werden oder der Rückenstrecker durch Kreuzheben ersetzt werden. Mit den mehrgelenkigen komplexen Übungen in geschlossener Kette, können so wieder mehrere Muskelpartien gleichzeitig trainiert werden. Des Weiteren, sind drei Übungen für den Rücken vorgesehen, um diesen weiter zu stärken, damit die Rückenproblematik schnellstmöglich behoben wird. Damit der Körper gleichmäßig trainiert wird, sind zudem zwei Übungen für die Stärkung der Brustmuskulatur geplant.

4.1.1 Übung 1 – Beinpresse liegend

Die Primäre Muskulatur, die mit der Beinpresse trainiert wird, ist der M. quadriceps femoris, M. gluteaus maximus und M. biceps femoris. Nach dem Aspekt des Muskelmasseanteils, sollen Muskelgruppe mit hohem Anteil vor den Übungen mit geringen Muskelmasseanteil ausgeführt werden. Der Grund dafür ist die erhöhte Testosteronbildung beim Training von großen Muskelgruppen. Die Person hat durch die vielen Jahre im Fußball eine gut ausgeprägte Beinmuskulatur und stärkt diese durch seine stehende / laufende Tätigkeit im Beruf. Für den Trainingsplan ist ein Ganzkörper Training vorgesehen und somit ist eine Übung für die Beinmuskulatur unerlässlich.

4.1.2 Übung 2 – Latzug

Beim Latzug werden viele Muskulaturen primär aktiviert. Dazu zählen der M. latissimus doris, M. teres major, M. trapezius pars ascendens, M. deltoideus pars spinata, M. biceps brachii, M. brachialis und der M. brachioradialis. Mit dieser Übung wird die dorsale Muskulatur des Oberkörpers trainiert, aber auch die Muskulatur der Arme, die für eine Flexion zuständig sind. Wir decken also mit dieser mehrgelenkigen Übung (Flexion des Ellbogengelenks und Adduktion des Schultergelenks) eine Vielzahl an Muskeln ab.

4.1.3 Übung 3 – Brustpresse

Auch die Brustpresse ist eine mehrgelenkige Übung (Extension des Ellbogengelenks und eine Kombination aus Anteversion und Adduktion des Schultergelenks). Die primär beteiligte Muskulatur bei dieser Übung ist der M. pectoralis major, M. deltoideus pars acrominalis, M. deltoideus pars clavicularis, M. triceps brachii. Es wird also der Antagonist zur Übung Latzug trainiert. Alternativ wäre diese Übung auch im Freihantelbereich möglich und wäre in einer späteren Gestaltung eines Mesozyklus durchaus sinnvoll.

4.1.4 Übung 4 – Rückenstrecker

In der zweiten Übung (Latzug) lag der Fokus eher auf dem oberen Bereich der Rückenmuskulatur. Mit der Übung am Rückenstrecker wird der untere Teil des Rückens trainiert. Gerade im Hinblick auf die Beschwerden im LWS-Bereich, kann mit dieser Übung Besserung erzielt werden. Die untere Rückenmuskulatur ist für die Aufrichtung und Stabilisierung des Rückens zuständig und schützt zudem die Wirbelsäule vor Überlastung beim Heben und Tragen. Mit dieser Übung wird primär der M. erector spinae pars lumborum und M. glutaeus maximus trainiert. Zudem ist sekundär die Ischiocrurale Muskulatur bei dieser Übung beteiligt.

4.1.5 Übung 5 – Butterfly (Maschine)

Um Muskulatur im Oberkörperbereich gleichermaß zu trainieren, ist als fünfte Übung Butterfly an der Maschine vorgesehen. Auch bei dieser Brustübung wird der M. pectoralis major und minor trainiert, sowie der M. deltoideus primär trainiert. Diese Übung stabilisiert zum einem die Schultergelenke und unterstützt die Aufrichtung des Oberkörpers.

4.1.6 Übung 6 – Rudern am Kabelzug

Die Übung Rudern am Kabelzug ist ein Gegenspieler zur Brustmuskulatur, eignet sich gut für eine bessere Körperhaltung und beugt Beschwerden im Nackenbereich vor. Diese Übung trainiert primär den M. trapezius, M. rhomboideus major und M. rhomboideus minor. Sekundär wird bei dieser Zugübung auch der Armbeuger und somit auch der Bizeps mittrainiert.

5 Literaturrecherche

Tab. 8 Zusammenfassung der Studien zum Thema Effekte des Krafttrainings bei Osteoporose (eigene Darstellung)

	1. Studie	2. Studie
Titel	Umsetzung leistungssportlicher Prinzipen in der Osteoporose-Prophylaxe	Krafttraining an konventionellen bzw. oszillierenden Geräten und Wirbelsäulengymnastik in der Prävention der Osteoporose bei postmenopausalen Frauen
Autor	Kemmler W., von Stengel S., Lauber D., Weineck J., Kalender WA., Engelke K.	Siegrist M., Lammel C., Jeschke D.
Erscheinungsjahr	2007	2006
Studiendauer	5 Jahre	12 Monate
Versuchspersonen	137 früh-postmenopausale osteopenische Frauen - davon 51 Frauen als nicht trainierende Kontrollgruppe)	69 osteopenische, postmenopausale Frauen
Versuchsaufbau	- 86 Frauen ohne Einnahme von Medikamenten mit Auswirkung auf die Knochendichte - 51 Frauen als nicht trainierende Kontrollgruppe - Beide Gruppen bekommen Kalzium und Vitamin-D Zusätze (individuell abgestimmt)	- 69 Probandinnen machten 2x/ Woche für 45 Minuten Wirbelsäulengymnastik (angeleitet). Schwerpunkt: rumpfstabilisierende Übung - 20 Frauen machten ausschließlich die Wirbelsäulengymnastik - 26 Frauen absolvierten ergänzend ein konventionelles Krafttraining (4-6 wöchiges Eingewöhnungstraining, danach Muskelaufbautraining

16

	- 3-Jähriges Trainingsprogramm beinhaltet 2-3maliges gemeinsames Training und 1-2maligen Heimprogramm pro Woche - weitere 2-Jähriges Trainingsprogramm, wobei die 86 Frauen in eine Gruppe mit schneller Bewegungsausführung (53 Frauen) und in eine Gruppe mit langsamer Bewegungsausführung (28 Frauen) unterteilt wird - Parameter der Messgrößen: 1-RM dynamische Maximalkraftmessung, Knochendichtemessung, Schmerzhäufigkeit und Intensität (mittels Fragebogen)	bei 60-80% des 1RM mit 8-12 Wiederholungen → 1RM-Kraftdiagnostik) Zusätzlicher Zeitaufwand ca. 30 Minuten - 23 Frauen absolvierten zusätzlich zur Wirbelsäulengymnastik ein Oszillierendes Training (Vibrationsplattform) Zusätzlicher Zeitaufwand ca. 10 Minuten
Ergebnisse	- Signifikante Zwischengruppenunterschiede nach 3jährigen Trainingsphase an der LWS (DXA: 0,4% vs. −2,8%; QCT trabekulärer VOI: 1,0 vs. -7,6%) am proximalen Femur (DXA: -0,5% vs. -1,9%) - am distalen Unterarm wurden vergleichbare Reduktionen erfasst (ca. -4%) - nach 2 Jahren wurde nur in der LWS-Region Zwischengruppenunterschiede zwischen schnell- und langsam trainierender Gruppe (-0,3% vs -2,4%) nachgewiesen	- Das zusätzliche konventionelle Krafttraining führte im Vergleich zur Gruppe, welche ausschließlich Wirbelsäulengymnastik durchführte, zu einem Anstieg von 1,3% der gemessenen Knochenfläche am Oberschenkelhals -Keine signifikanten Veränderungen der Knochenmasse und -dichte an der LWS (in keiner Gruppe) -Zunahme der dynamischen Kraft der Beinstrecker (KT: +50%; VT: +54%) und Armbeuger (KT: +24%; VT: +17%)

		- +22% Verbesserung der Beinkraft mit Wirbelsäulengymnastik -

6 Literaturverzeichnis

American Heart Association nach Manica et al. (2013). *Blutdruckklassifikation* S. 1286

Marshall & Fröhlich (1999), *Studienbrief Trainingslehre I.* Saarbrücken: Deutsche Hochschule für Prävention und Gesundheitsmanagement.

Zimmer M. (1999). *Entwicklung und Erprobung eines Mehrwiederholungstests zur Erfassung der Kraftleistung im Fitness-Training.* Saarbrücken S.45.47

Kemmler W., von Stengel S., Lauber D., Weineck J., Kalender Wa., Engelke K. (2007). *Umsetzung leistungssportlicher Prinzipien in der Osteoporose-Prophylaxe – Zusammenfassende Ergebnisse der Erlanger Fitness und Osteoporose Präventions-Studie (EFOPS).* Abgerufen am 02.01.2020 von https://www.germanjournal-sportsmedicine.com/fileadmin/content/archiv2007/heft12/Artikel2Kemmler.pdf

Siegrist M., Lammel C., Jeschke D. (2006), *Krafttraining an konventionellen bzw. oszillierenden Geräten und Wirbelsäulengymnastik in der Prävention der Osteoporose bei postmenopausalen Frauen*

7 Abbildungs- und Tabellenverzeichnis

7.1 Tabellenverzeichnis